SOTERRÁNEA

SOTERRÁNEA

Antonio García Lorente

PRIMERA EDICIÓN: abril, 2025

Sagunt, 68 - 08912 Badalona
Tel. 931680187
www.parnassediciones.com
info@parnassediciones.com

DISEÑO DE CUBIERTA: Aitana García Márquez a partir de una fotografía de la escultura de Gaspar Rivadulla.
MAQUETACIÓN: Tania Huelga Bardo
IMPRESIÓN: Lantia
ISBN: 978-84-129114-9-7
DEPÓSITO LEGAL: B 6734-2025

PRÓLOGO

Fue Paul Éluard quien dijo que «hay otros mundos pero están en este» y la poesía nos permite adentrarnos en ellos, sacarlos a la luz, nombrarlos y darles conciencia y espacio. Antonio García lleva a cabo esta labor de «minero de la palabra» con el zahorí de la Cábala y un ansia de indagación que nos emplaza, como lectores, a cuestionarnos sobre la aparente realidad, sobre la superficie primera que nos conmina en su inercia a seguir al arbitrio de la falsedad y el egoísmo, de fanatismos y populismos. Ante tanta superficialidad, que pasa rápidamente página y banaliza los horrores que sacuden nuestra civilización, el poeta busca en libros sagrados como el Talmud las fuerzas que muestran la polaridad de nuestro tiempo, las trampas del falseamiento en las que podríamos secundar el autoengaño, así como aquellas que emergen del corazón para guiarnos en medio de un caos que proclama la guerra y la especulación como monedas de cambio.

Soterránea es un libro sin pelos en la pluma, sin vergüenza en la lengua. Une tradición y modernidad, pensamiento filosófico con análisis crítico y funde profundidad y humor, sarcasmo y compasión, diatriba mordaz contra la falsedad de los políticos y empatía hacia aquellos seres a quienes atenaza el miedo, la marginación, la injusticia y el hambre: «Las ideologías / tienen gastados todos sus neumáticos / por sobrecircular / sobre las carreteras de lo injusto». El poemario se estructura en dos partes que dialogan entre ellas, «El árbol», que nos remite al «árbol de la vida» de la cábala, y «El mundo» en el que se plasman las contradicciones que nos ponen ante el espejo de la historia para mirarnos y mirarla y tomar nota de los peligros que nos acechan si adoptamos la posición del avestruz. Es quizá por ello que pese al título que nos remite a los submundos, a lo sumergido, las dos partes nos invitan a ver tras lo aparente, a despojarnos de las máscaras de los espejismos, de las vanas posesiones y de las mentiras institucionalizadas: «Otra promesa electoral de humo, / porque la claridad / se resiste a encerrarse en un diamante». Todo el libro rezuma luz y verdad, y proyecta en cualidades como Ain Soph, la búsqueda de lo absoluto, así como la liberación de la mente, para situarnos en el presente y dejar de ser seres escindidos por confundir el hacer por el ser.

Hay rasgos de estilo comunes que vertebran el sentido último del poemario ya expresado en el «Mapa del laberinto»: «*Soterránea* es un libro de poesía social y cívica». Uno de ellos es la ironía que a modo de denuncia va enumerando las distintas caras que ostenta la injusticia: «Sólo les interesa su tesoro / tras adular al pueblo con bondades, / que la luz graba en un reloj de oro / bien instalado en la mano izquierda». Son pocos los poemarios en los que su autor es capaz de pasar en pocos versos de la mordacidad a la ternura sin que el libro pierda su intensidad y su sentido: «La política debería ser como / la cándida sonrisa de una niña, / dejar que se destiña el uniforme, / hablar las lenguas sin sufrir rechazo, / extirpar el tumor de la miseria». Frente a la lucha ciega por los *esta-*

dos, García Lorente proclama primar al género humano por encima de naciones y de cultos y destila al decirlo una sensibilidad expresiva que convive en el discurrir poético con un alto lirismo, muy difícil al tratarse de una poesía claramente social: «El Hombre es mi bandera, / mi tierra es una madre a la que peino».

El libro transita por tiempos y espacios que van de la antigüedad al más acuciante presente, buscando como brújula la «puerta de Daat», es decir, el conocimiento. Por ello se inicia con «El amanuense» que deja testimonio, como *alter ego* del poeta, de la labor ética del creador, con la conciencia de la fragilidad de lo escrito. El círculo de la historia se cierra con la parte de «El mundo» en la que la mirada se deposita en recuperar las tragedias que hemos vivido en las páginas de nuestra memoria reciente, como la del 11 M, el poema con resonancias también cabalísticas: MADRID 11: «Todo destruye el once. / Terrorismo y guerra se unifican».

Las personas gramaticales del poemario oscilan entre la primera y la tercera del singular. La primera da continuidad al «amanuense» en su visión de registrador de la historia, y a lo largo del libro va cediendo su palabra a distintos testimonios de la opresión: la mujer maltratada que teme morir en las rendijas de las leyes; o la del mismo yo lírico que evoca, por ejemplo, «Las sillas del miedo». La forma que más abunda, sin embargo, es la tercera persona en la que la distancia de lo descrito aporta objetividad a las crónicas de un pasado interpretado por el yo lírico ahondando en la labor crítica de quien convierte decir y denunciar en necesarios sinónimos.

El punto de vista es de quien adquiere un compromiso ético con su tiempo y el mundo que le ha tocado vivir, uniendo agudamente emotividad y realismo: «Envilecido / y harto de tanto tinte de desgracias, / apago el monitor de la vergüenza».

En *Soterránea* la poesía defiende los valores humanos como guía para salir del *laberinto* en el que nos encontramos. Conviene referir aquí cómo durante más de veinte años Antonio García Lorente ha ido contribuyendo con su poesía a las antologías de Poesia en Acció, asociación cuyo principal fin es la educación en valores a través de la sensibilidad y la solidaridad. Ambas se hallan claramente presentes en *Soterránea* y considero que este poemario recoge parte del legado del compromiso ético con el que muchos autores a lo largo de los siglos han entendido la poesía. La segunda parte del poemario, «El Mundo», está acotada por sucesivos títulos que hablan por sí solos y acaban mostrando la relación biunívoca con el «Árbol de la vida». La mayoría de estos poemas son manifiestamente declarativos y tienden a la narratividad allanando el camino para la denuncia: «Minas de tantalita», «Violencia con género», «Cláusulas de permanencia», «Nadies», «Mobbing», «Uncidos a la hipoteca», u otros poemas, como en «Clonación», cuyos finales en tono sentencioso muestran sin ambages el propósito de *Soterránea*, hacer emerger todo lo sepultado por el miedo, el horror o la indiferencia: «Fábricas de personas: / producirán esclavos».

Las citas del libro que enmarcan los poemas de principio a fin son, además de una declaración de intenciones, un diálogo diacrónico con clásicos como Epicuro, Horacio o Gracián, hasta figuras referentes de nuestro tiempo por su lucha contra la injusticia, por vivir por y desde la conciencia en el afán de construir un mundo mejor, como Abdul Bahá, o ya en nuestro tiempo más actual, Paloma Cabadas o José Mújica.

Un gran número de versos de *Soterránea* formarían por sí solos un ideario en defensa de los valores humanos que pueden contribuir a alcanzar una sociedad más justa, que tenga en cuenta que todas y todos formamos un todo, en el que el mal que hacemos a otros, a través de la guerra o el maltrato al planeta o a cualquier individuo, nos los hacemos al fin, al conjunto, a nosotros mismos. Sirva este verso de uno de sus bellos poemas, como muestra de un botón que quiere abrir desde la poesía las conciencias: «incluyendo a los otros, así me siento libre». De lo soterrado nace la vida, *Soterránea* no es un lugar, es una dirección, un hacia donde.

Guillem Vallejo Forés

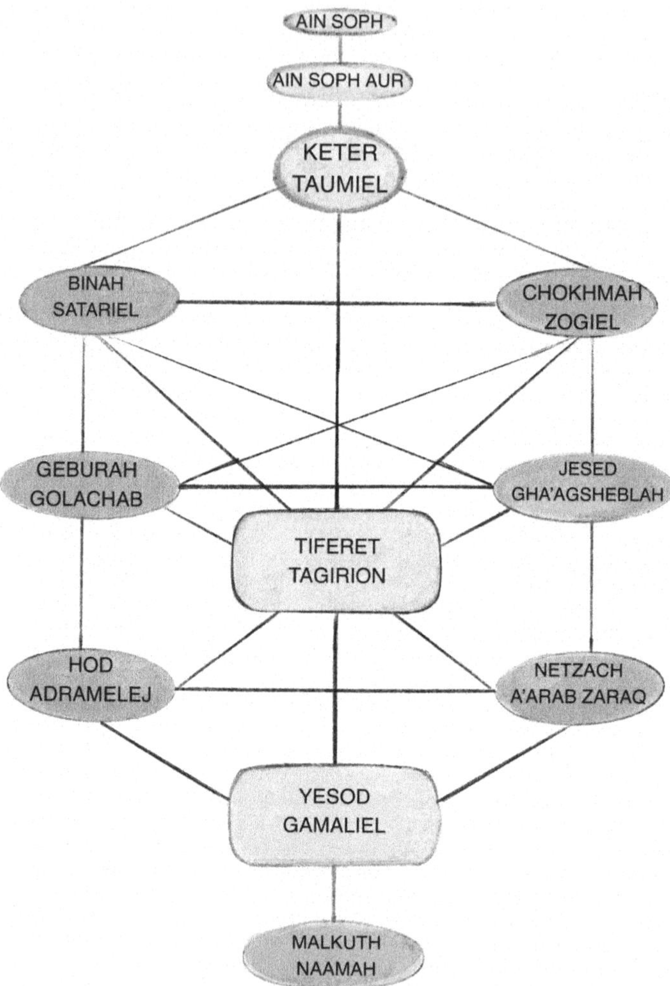

Ilustración de Aitana García Márquez.

MAPA DEL LABERINTO

Querida lectora o lector,

Pablo Neruda decía que el poema debe explicarse por sí mismo y que no debes explicarlo tú. Pero en esta ocasión me veo compelido a dar unas explicaciones sobre el motor que mueve esta entrega poética, *Soterránea*. Como el título indica, trata sobre algo soterrado, como lo es un conocimiento esotérico que sacar de la caverna del misterio, porque la pretensión del libro es desplegar su visión de la psicología del ser humano, en su vertiente social. *Soterránea* es un libro de poesía social y cívica.

Carles Riba, en algunos de sus poemarios, redactó notas explicativas complementarias a sus poemas, concretamente sobre aquellos aspectos más eruditos de su vasta cultura mitológica que aparecían en los mismos.

Según el mito bíblico del Bereshit (Génesis) el ser humano perdió la vida eterna y se hizo mortal por haber comido los primeros padres, Adán y Eva, del fruto del árbol del conocimiento del Bien y del Mal. Así dice Génesis 2. 16-17: «Y mandó Dios al hombre, diciendo: "De todo árbol del huerto podrás comer; mas del árbol de la ciencia del bien y del mal no comerás, porque el día que de él comieres, de cierto morirás"».

Esa manzana de la mortalidad simboliza un viejo y secreto conocimiento místico de los judíos: la Cábala.

La Cábala representa un método de estudio y la base de un código ético para toda la vida. Se han escrito muchos tratados sobre la misma por reputados rabinos y por rebbes, estudiosos de la escuela Hassidí o Pietista. Los principales textos son El Zohar (Libro del Esplendor) y el Sefer ha Yetzirah (Libro de la Creación). La Cábala comprende, no solo las cualidades espirituales del ser humano, sino también los significados ocultos de los números y de las letras del alfabeto hebreo y sus correspondencias. Por ejemplo, el significado esotérico del número 11 es la fuerza oculta y ciega cuando no está bien manejada. En este sentido está escrito el poema «11» que se refiere a los atentados terroristas del 11 de marzo de 2004 en Madrid. Más allá del ejemplo anteriormente mencionado, no entraré en estos aspectos, por no ser de inspiración esencial para el presente poemario.

Dicho conocimiento habla de las prospecciones psicológicas del ser humano tanto para el Bien como para el Mal, guiándose por el Principio de Polaridad que fue conceptualizado en el Corpus Hermeticum. Ello es así porque el lado animal centrado en el yo (Nefesh Behamit) y el lado espiritual centrado en los demás (Nefesh Elokit) forcejean entre ellos dentro de la persona humana. Por consiguiente, la Luz tiene su Sombra y viceversa.

El Árbol de la Ciencia del Conocimiento del Bien y del Mal comprende el Árbol de la Vida o Árbol de las Sephirots (estudiado por la Cábala) y el Árbol de la Muerte o Árbol de las Qliphots. Z'ev Ben Shimon Halevi dijo que los cabalistas también hablan de una disposición en espejo de las Sephirots llamada de los Qliphots. Este era el reino de los demonios o las envolturas. Las Sephirots, descritas como emanaciones, son los diez atributos divinos que se manifiestan a través de los cuatro mundos. Son los diez aspectos de la personalidad humana que consisten en mente y emoción. Están relacionadas también con la astrología y la angeología. Cada sephira tiene atribuído un ángel o un arcángel.

Los Qliphoths, a menudo descritos como cáscaras o escorias, representan las fuerzas negativas y corruptas que se oponen a la luz y el orden de las Sephirot, constituyendo su lado oscuro, esto es, la perversión de la mente y de la emoción. Representan el estado de conciencia de las personas que han perdido contacto con su humanidad. Como dice el Zohar (Libro del Esplendor), «este es el pensamiento que engendra el Árbol de la Mentira, entonces el Árbol de la Vida se va, cediendo su sitio al Árbol de la Muerte, a causa de la cual el alma se despega del Árbol de la Vida y se une al de la muerte, que no produce ramas y que no conocerá jamás el bienestar, pues es un árbol estéril, de frutos amargos». Tras ellas hay una demonología, a cada Qliphot se le atribuye un demonio.

En su Tratado de Cábala, Z'ev Ben Shimon Halevi dijo que debemos recordar que las Sephirot individuales pueden estar sujetas al travestismo, es decir, al cambio de negativo a positivo y viceversa.

Paso a enumerar la fuente originaria:

AIN SOPH. Es la Nada absoluta de la que emanan las Sephirots y, también sus reversos oscuros, las Qliphots. Está más allá del Bien y del Mal.

AIN SOPH AUR. Es la fuente de todo, es la Nada y a la vez el Absoluto, esto es, el Origen del orden cósmico de las cosas. Meditar en ese punto permite liberar la mente y la conciencia de todo preconcepto, situándose en el aquí y ahora.

Paso a enumerar los atributos del Árbol de la Ciencia del Conocimiento del Bien y del Mal. Arriba está el atributo en positivo (Sephirot), abajo el atributo en negativo (Qliphot).

UNO. LA CONCIENCIA.

KETHER. Es la Corona, no existe nada más espiritual. Es lo más cercano a la Nada. Es un nivel de conciencia de pura luz. Representa el potencial completo y desconocido del ser humano. En este nivel de conciencia no hay vicios, es la sede de la bondad natural del Hombre de la que hablaba Jean Jacques Rousseau.

TAUMIEL. Es la conciencia de la sombra en oposición a la luz. Representa las fuerzas duales en contienda y lucha. Es la sede de los vicios humanos. Representa el orgullo espiritual y la arrogancia.

DOS. EL INTELECTO INTERNO.

CHOKHMAH. Es la Sabiduría en su nivel más alto, la del intelecto interno, de cuyo centro emana el pensamiento silencioso. Despierta el saber más alto en nosotros mismos, despierta la devoción y la piedad.

ZOGIEL. A ella están apegadas la mentira y las apariencias materiales, en oposición a las de la realidad y la sabiduría, cuya luz bloquea. Genera confusión. Despierta la Impiedad.

TRES. EL INTELECTO EXTERNO.

BINAH. Es el Entendimiento, la esfera donde yace la Comprensión. Es el intelecto externo, el cual da forma al pensamiento reflexivo que apoya y respalda a la inspiración. En ella reside la virtud del Silencio, necesario para saber escuchar. Binah funciona como contraparte de Chokhmah y viceversa.

SATARIEL. Michael Knibb cree que el nombre significa «Luna de Dios». En ella, al proceder a la ligera, reside una visión excesivamente conservadora de las cosas, el Materialismo y la Avaricia.

CUATRO. LA EMOCIÓN INTERNA

JESED. Es la Compasión. Es el manantial emocional del ser humano, el flujo del Amor, la Paz y la Gracia. Aquí se genera la magnanimidad y la abnegación, esto es, la virtud de la obediencia a un deseo más elevado. Inspira la expresión de pensamientos liberales.

GHA'AGSHEBLAH. Representa el amor equivocado y desequilibrado. Perturbación, desorden, distorsión. En ella residen el Despotismo, la Licenciosidad, la Hipocresía y el Fanatismo.

CINCO. LA EMOCIÓN EXTERNA.

GEBURAH. Es el Rigor, la Severidad, el Poder y la Fuerza. Gobierna el desplazamiento de lo viejo para dar lugar a lo nuevo. En ella reside la Clemencia, la Imparcialidad y la Ecuanimidad. Geburah funciona como contraparte de Jesed y viceversa.

GOLACHAB. Significa quemar lo que no debe quemarse. Lleva a la Agresividad, la Insensibilidad, la Crueldad y la Destrucción.

SEIS. LA NATURALEZA ESENCIAL.

TIFERET. Es la Belleza. Es el observador en momentos de peligro. Aporta una visión de la Armonía de las cosas. Es lo más real que hay en un individuo, la capacidad de conocerse a sí mismo. Se asocia al corazón.

TAGIRION. Significa Los Disputadores. Es la Violencia, la Desarmonía y la Vanidad.

Entre KETHER y TIFERET se halla la Sefirot oculta, la que carece de su reverso oscuro: DAAT.

DAAT es el Conocimiento. Sólo funciona en condiciones particulares que llevan al desvanecimiento de la individualidad, a sentir un vacío, el del amante que se olvida de sí mismo en la persona del amado. Es la Sephirot invisible que carece de Qliphot que se le oponga, porque es la puerta para regresar al Árbol de la Vida no dual, trascendiendo el sufrimiento que nos trae la ciencia del conocimiento del bien y del mal, porque como dijo Maimónides: «la verdadera acción divina en toda su integridad es el bien, porque es el ser».

SIETE. PROCESOS O ACCIONES INVOLUNTARIAS.

NETZACH. Es la Victoria. Es el proveedor de la fuente instintiva de poder que da fuerza a las funciones y acciones vitales. En ella yacen los instintos de atracción y repulsión. En ella moran el amor y la libertad interior. Netzach aporta energia a Hod. Ambas Sephirot se contrapesan mutuamente.

A'ARAB ZARAQ. La dispersión, la derrota, la ociosidad. La inacción cuando es necesario actuar.

OCHO. PROCESOS O ACCIONES VOLUNTARIAS.

HOD. Es la Gloria o el Esplendor, la Reverberación. Es la Sephirot de la acción activa encaminada al bien. En ella reside la educación y la información mental. Despierta la virtud de la veracidad.

ADRAMELEJ. En ella reside la mala educación que lleva a las malas acciones a través de la astucia, la falsedad, la deshonestidad.

NUEVE. PERSONA IMAGEN DEL MUNDO.

YESOD. Es el Fundamento, el pilar del equilibrio, la Corrección, la Sexualidad elevada. Es la parte de la mente donde se construyen las formas-pensamiento. Despierta y fortalece nuestra independencia y actúa para que los otros también la obtengan. Aprender a ser más libres con lo que ya sabemos.

GAMALIEL. En ella se alimenta el Ego. Es el desequilibrio. De él emanan las fuerzas oscuras y primitivas de la sexualidad. Representa los deseos e instintos reprimidos. Su cualidad negativa principal es la Perversión.

DIEZ. EL CUERPO. LA MANIFESTACIÓN EN EL REINO FÍSICO.

MALKUTH. Es el reflejo de Kether en el mundo físico. En Kether está Malkuth y Malkuth está en Kether. La manifestación del Reino de la Luz, el estado de las cosas que es de ver tras el correcto aprendizaje a discernir entre lo bueno y lo malo. Es el estado de la justicia.

NAAMAH. Es el reflejo de Taumiel en el mundo físico. En Taumiel está Naamah y en Naamah está Taumiel. La manifestación del Reino de las Sombras, del Reino de la Noche como consecuencia de la ausencia de discernimiento entre el Bien y el Mal. Es el estado de la injusticia.

En los poemas de la parte titulada «El Árbol», que comprenden desde AIN SOPH hasta MALKUTH la reivindicación de acciones y actitudes justas se trenza oponiendo a la Qliphot del mal la Sephirot del bien.

Siddharta Gautama «El Buda», Aristóteles y Maimónides aconsejaron optar siempre por el camino del medio y por evitar los extremos. En los extremismos, sean del signo que sean, bien ideológicos o bien provocados por un comportamiento egoísta y ególatra del gobernante, no hay templanza, no hay equilibrio.

Conseguir que la sociedad se dirija por una senda de moderación no supone que no se haya de protestar ante las injusticias, precisamente con la finalidad de restaurar aquello que es razonable y moderado.

Está escrito en el Talmud: «Si uno desea percibir lo invisible, que observe lo visible».

Así, «montes y collados prorrumpirán en gritos de júbilo ante vosotros, y todos los árboles del campo batirán palmas» (Isaías, 55, 12).

En conclusión, como dijo el Rabbí Laibl Wolf: «si dirigimos nuestra voluntad y nuestro deseo de forma incorrecta, crearemos un adversario interno, es decir, un problema, dentro y fuera. Si la dirección es correcta, traerá la iluminación y la claridad del espíritu», a lo que yo añado: «y también una sociedad más justa y más humana».

En las cuestiones generales a toda la humanidad, la justicia es la misma para todos.

EPICURO

Estas son las Repúblicas del mundo que no dan razón más que de las cosas superficiales de cada reino. No desentrañan lo recóndito, conténtanse con la corteza.

BALTASAR GRACIÁN, *El Criticón*

L'últim venedor de periòdics a l'antiga ara baladrejava, tot corrent, la mercaderia. Corrupció, barroeria, violència, guerres, crims, malestar social, inflació pels núvols, estadístiques manipulades, triomfalisme sorneguer, còmplice arribisme contestatari, oratòria lliure, vàcua i expedita. El de sempre.

SALVADOR ESPRIU, *Ariadna al laberint grotesc*

Lo que todavía predomina en la actualidad es el empleo patológico de un intercambio de energía cebador de egos ambiciosos y adictos al poder. Un poder que acaba por destruirlos, debido a las nefastas consecuencias de su autoritarismo y a los efectos acumulados con sus liderados, extorsionados energéticamente y defraudados moralmente. Es así como líderes y liderados permanecen enganchados en la línea del tiempo, debido al intercambio enfermizo y carente de ética de esta poderosa energía.

PALOMA CABADAS, *El poder de la tierra*

EL AMANUENSE

Abro los goznes de la Puerta de Daat.
Como amanuense que trabaja en balde,
escribo crónicas
en verso aún sabiendo
que no existirán porque no serán publicadas,
aunque confío que no muerdan el olvido.

EL ÁRBOL

AIN SOPH

Bajo unas runas godas
una cortina roja alumbra el muro,
donde han sido colgadas unas llaves,
mientras el aire pesa a metal gótico.
Un mundo que se afirma entre penumbras
con la apariencia de una fiesta báquica,
es el entorno ideal
para que una careta de ceniza
prometa alquimia llena de placeres,
si abrimos los cerrojos del secreto.
Está a rebosar el templo del pecado
en una misa negra que habla de eternidad,
que finalizará tras el concierto,
dejando estupefacto hasta al propio Dioniso
ante esa atmósfera sofisticada.
El siniestro alquimista
nos dice que Kether se halla tras la puerta
y que poseeremos
el fulgor de sus sabias llamas.
Otra promesa electoral de humo,
porque la claridad
se resiste a encerrarse en un diamante,

y huye tras dejar su tenue brillo
hacia el ilimitado dominio de Ain Sopf,
donde convergen todos los opuestos
y se vuelven anónimos.

AIN SOPF AUR

Lenguas resecas
tras las huecas diatribas.

Las ideologías
tienen gastados todos sus neumáticos
por sobrecircular
sobre las carreteras de lo injusto.

Es humo negro
lo que supura del tubo de escape.

El conductor evita
que una luz primorosa le deslumbre
y le unja de rubor,
porque su emporio es de fanales turbios.

La política debería ser como
la cándida sonrisa de una niña,
dejar que se destiña el uniforme,
hablar las lenguas sin sufrir rechazo,
extirpar el tumor de la miseria.

Ya me harté de lo sucio,
atravieso el dintel de las consignas
en dirección al cero,
-Ain Sopf Aur, Ain Sopf Aur-
la luz ilimitada
donde se resetean las conciencias.

Dejo sobre la mesa
la alcuza que llené de verde aceite,
el cántaro repleto de agua clara.

El Hombre es mi bandera,
mi tierra es una madre a la que peino,
y mi esperanza es trascender el cántico
del lucero del alba.

ÁRBOL DE SOL

El parlamento agrede al silencio
y sus grumos de nacarada luz
se esparcen por los cielos y la tierra.
Padecen al caer metamorfosis
que les convierte en légamo podrido.
Ni orden republicano ni corona
en copa de árbol sabio resplandecen
cuando Taumiel se instala en el despacho.
Ensucian los escaños el insulto y el ruido.
Quedan los engreídos y los lerdos,
tras haberse batido en retirada
las togas ilustradas y brillantes.
No puede haber futuro en perspectiva
si se asemeja una generación
a cuernos débiles de caracoles,
que se ocultan ante el primer escollo,
el cual, al fin y al cabo, está en su mente.
Árbol de sombra. Sé árbol de sol
cuya fuerza acompañe en el camino.

TIFÓN

Desde un tiempo ancestral a los gobiernos
el Tifón, con sus dedos de serpiente,
impone su sombría normativa,
y asume las funciones de banquero
en el casino que es la economía.
Los vientos siempre son muy favorables
para quien los controla como un dios
en mundo de ilusión y de mentiras,
que amordaza a la voz inteligente.
Presentemos en forma una propuesta:
"Eolo presidente de los vientos".
Chokhmah debe imponerse a Zogiel,
pero el silencio arde en sol setiano.
Mientras la mayoría sometida
no sane su tendón y ostente el rol,
que la leyenda concediera a Zeus
o a Sant Jordi como domeñadores,
estará en la trastienda del poder,
bien en forma de empresas o de logias
pervertidas mofándose del templo,
el gran Tifón con todo su esplendor.

BINAH

Las hélices desvician aires negros
y se puede apagar la paranoia.
En mis adentros digo: “No es real
que me postren gigantes en el lecho”.

Una luna de mármol sólo brilla
en espejo de engaño reflejada.
Nos dice Satariel que es inmoral
mirar hacia otro lado ante el problema.

Mirar hacia otro lado da otra luz
que no deslumbra y es acogedora.
El alma resetea contra el odio.

Cuesta cavar la tierra del error
con el arado de la inteligencia,
abandonar la posición perdida
y liberarse en apretón de manos.

Pero el blanco vestido de Binah
no seduce a quien busca medias rojas.

JESED

Cuando es telón de fondo un alto muro,
nos son negados amplios horizontes
por los motivos fríos de la piedra.
Chorrea por su piel carmín llorado
por esposas de obreros y angelinas,
mientras ríe Lilith desde su púlpito.
Mengua la restricción presupuestaria
para obleas de huevos y de harina,
porque en la mesa de Gha'agsheblah
para Jesed no quedan ni las migas.
Quienes pretenden engullir la paz
dirán que no se cumple lo acordado
tras secuestrar las Tablas de la Ley.
Disfrazados de falsa limpidez
se esconderán si logran que amare
el rojo aceite en la ciudad de Dios.
La estola del amor guarda la llave
que abre el hogar de la misericordia.

GEBURAH

Bárbaros con sotana
quemaban libros
antiguamente.

Eran espurios sus motivos
ocultos bajo un manto de pureza.
La paz del santuario envilecían.

Cortinas de humo quedan a la vista
tras encender en brea el titular,
que quema lo que no debe quemarse.

Así Golachab viene astutamente
como libertador en pro de lo que es justo,
pero, en verdad, envela el tercer ojo,
embozado tras sus palabras convenientes.

Mas me pregunto si abrirá los cielos
Geburah con su séquito de arcángeles
vertiendo la lluvia del despertar,
que nutre con su lúcida ternura.

La clave es la severidad serena
que dicen sin palabras los paisajes
anhelantes de sabio entendimiento.

Al calor del hogar,
hoy quemo yo periódicos
para iniciar el rito
del fuego acogedor.

MIN

La pertinaz sequía, su tétrica canción,
no puede condenar mi voz al pozo ciego.
El Sol Atón domina sin piedad esta tierra
encerrando a la lluvia tras rejas del olvido.
La Tabla del Futuro se quiebra en la estulticia
de líderes políticos, que se niegan el agua
de una comarca a otra, tras haberla negado
a otras comunidades. Un séquito de pinos
resiste iluminado por antorchas en flor
ante el envite de las huestes de la nada.
Tagirion se presenta con maletín de polvo.
Tiferet acaricia las hojas y la hierba,
besa los humedales y llora en los barbechos.

Me subo a verdes nubes. En la meditación
por los seres vivientes veo al niño que mama,
al pastor y al labriego, a los oficinistas,
al jefe y al obrero, los húmedos cristales,
las hogazas de pan, las frutas y legumbres,
los huevos de la vida, la leche del amor
en la vaca sagrada. Y les deseo lluvia
dibujando en el cielo un fértil jeroglífico.

NETZACH

En la negrura un fresno
no puede echar raíces,
y de las aguas del oscuro río
remontan dos siniestros ogros,
mientras el clavicordio derrama su lamento,
cuando el explorador quiere dejar
atrás esa ignorante sinfonía.
Se manifiesta frente al horizonte
una piedra de luz,
que contiene un ambiguo eneagrama
y al libre albedrío deja una decisión:
Hundirnos como esclavos en A'arab Zaraq,
o ir hacia Netzach como hombres libres
quitando a Prometeo sus cadenas.

HOD

¿Será oración con ojo inquisitivo o
desoración con lengua de metal,
la que urden los ingratos de la patria
y se sella en estola electoral?

Sólo les interesa su tesoro
tras adular al pueblo con bondades,
que la luz graba en un reloj de oro
bien instalado en la mano izquierda.

Adramelej trae la intención errónea
y la desolación reina entre el pueblo,
mas cuando sube al coche del poder
ya no hay abrigo para sus mentiras.

Es preciso que salga de la cueva
el sabio Hod que invoca brillo claro,
sólo haremos nosotros que se mueva
si la mente y la acción son vigorosas.

YESOD

Anida un subproducto de rencor
envelado de lágrimas
en la conciencia de los derrotados.
Tienen su ego en llamas,
sediento de sufragios victoriosos,
para usar el serrín de la venganza.
Yesod provoca un apagón de amor
que borra los rencores de antiguas situaciones.

GAMALIEL

Y Gamaliel anoche fue de putas
con alcahuete ajeno a las disputas.
Así comieron las mejores frutas
en un festín, envidia de reclutas.

La ubicación del móvil les delata
cuando se abre el cordel y cae la bata.
Se da fe que salió por la culata
el quinto tiro de entre pata y pata.

Toda la corte está escandalizada
con el rey de mirada tan pasmada.
La meretriz al fuego está emplazada
porque es fundamental sacar tajada.

Los notables no quieren dilaciones
para vedar al pueblo otras nociones:
"Se forjan con dinero corrupciones
que no remedian ni otras erecciones".

MALKUTH

El deslucido sueño de Naamah
por desgracia es real en reino injusto,
donde el hombre es el pasto de las hidras,
tras haberse cerrado los arroyos
en la voraz esclusa de lo oscuro.
Se aceleran acordes subyugantes
haciendo de nosotros meros súcubos
en lupanar de llanto y de sevicia.
Nuestra morada está llena de cáscaras
que con vigor hay que desincrustar,
usando los cinceles del silencio,
y volverá a ser claro nuestro ser.
He visto un corazón sobre la arena
el cual visto a la vez de rosa y verde
y lo conduzco al túnel del amor,
donde la corrupción marchó al exilio
lacerada por látigos de luz.
Os invoco con cristalino afán:
Venid en nuestro auxilio, filantrópicos
númenes, en las horas más aciagas
y derrocad a nuestra Kali Yuga,

aunque el esfuerzo sea nuestro coste
tanto en la intimidad como en lo público,
a fin de que en sesión de investidura
Malkuth sea elegido presidente
de la eterna República del Lirio.

EL MUNDO

LAS SILLAS DEL MIEDO

Recuerdo a quienes sufren
maniatados a las sillas del miedo
violaciones de derechos humanos.
Veo como un sol lóbrego
se nutre de un eclipse
de intolerancia.

EL FORO DE DEBATE

Ampliaron el Estado del Bienestar
creando la Seguridad Social de la Cultura.

La cultura de pago fue enclaustrada
en un parque temático con precios abusivos.

El recinto vallado es un lugar maravilloso.
Eso nos dicen los blancos televisores,
mientras quienes representan al pueblo
juegan al ajedrez del poder.

Las élites se apropian de los valores humanos.
Detrás de las campañas oficiales,
el erario público riega
la contabilidad
de todo tipo de especuladores.

No está en las frías formas de un futurismo caduco,
el aire verdadero está en la calle:
en los sindicatos alternativos,
en los centros cívicos, librerías y tabernas,
en la cesta de la compra y su coste inasequible,
en quienes no tienen ni cesta de la compra,
en las víctimas de las promesas que no se cumplen,

en las víctimas de tantas guerras absurdas,
en los mares y los ríos contaminados,
en el agua del pensamiento
que los tiranos en sus prisiones embalsan…
en las guitarras vagabundas que cantan al hombre.

EL TEATRO

Cuando hay mucha radicalización y la gente está llena de pasión y de odio, disminuye el grado de inteligencia. No se abordan las cuestiones esenciales.

JOSÉ MÚGICA, PRESIDENTE DE URUGUAY 2010-2015

Juegan en el teatro de farol
con máscaras de arena que no vemos
deshacerse tras las pinturas del bufón.
Parece quien más grita ser el más pericioso
-la multitud lo cree a pies juntillas-
en ágoras y en patios de butacas,
donde se elogia la vehemencia del tuerto.
Por ahora, retorna eternamente
el modus operandi del engaño,
aunque cambien los nombres y oriflamas.

UNCIDOS A LA HIPOTECA

Feliz el que alejado de los negocios como en remoto tiempo los mortales, paternos campos con sus bueyes ara y no rinde a la usura vasallaje.

HORACIO

"Todos tienen derecho a una vivienda
digna y adecuada", mas el sonido
se transfigura en burla y distorsión.
¡Interés general!, todos te invocan,
pero los falsos druidas te retienen
en sus negras maletas. El caldero
ya no ofrecerá mágicas pociones,
pues la mirra de la especulación
rebosa por sus labios arcillosos.
Las cajas de cerillas se cotizan
a precios que antes eran millonarios
y hoy tan sólo son unos millares.
Sale del tabernáculo el banquero
de la salvación, baraja hipotecas
y tarjetas de crédito, promete
facilidades de pago, seduce
con su coche de lujo, con su caro
traje y las elegantes señoritas

que trabajan para él. El futuro
depara la resina de la deuda
que acabarán pagando nuestros hijos
quienes se arrastrarán por el arcano
recogiendo los grumos de la torre.
Curiosa forma de entender la Ley.
El silencio social reina en la calle.
A esta generación desarbolada,
cargadnos, hijos nuestros, sobre el lomo
un saco de responsabilidades
y llamadnos insulsos teletubbies,
porque ni en individuales ni en dobles
recogimos el guante de jugar
el partido de tenis que es la vida.

EL CAMPEONATO

Tres pitidos inician euforia colectiva,
los grupos juveniles se adueñan de la calle.
Estrangulan la noche los gritos y los cláxones,
y por sí sola arde la fiesta organizada.
Los nuevos gladiadores con su juego definen
evento deportivo como el opio del pueblo.
Mediáticos orfebres con cámaras y tinta
han inmortalizado el encuentro del año.
Las manifestaciones por la vivienda digna
fueron minimizadas con gomas de silencio
por esos portavoces que dicen informarnos,
logrando su objetivo: muy pocos asistentes.
Láudano de apatía duerme a la población
en los mundos de Yuppi, aunque llenos de agravios.
Dirigen los jardines los cardos más mediocres,
sus triviales agujas asfixian al poeta
que al respetable brinda comprometidos versos.
Rescatemos el césped de esos circos romanos,
donde corre el esférico que pisa la esperanza,
escanciando en la copa despierta clorofila.

MOBBING

A José Luis Casado

Veredicto y mazazo: "olvidemos que existe el acoso moral".

Soporta un nuevo yunque el lomo del trabajador,
no importa que perforen el queso de su psicología.

En un adarve de opresión el ojo del espíritu
se queda silenciado, y la posición de las élites
guardada en una lata de conservas.

CLONACIÓN

Anida en mi interior
un gran escalofrío.
El mundo zarandea
una ranura de humo.
Fábricas de personas
producirán esclavos.

PANCARTA DE CEBOLLAS

Arbotantes de angustia sostienen el hogar.
Gritan en los balcones los humos más preclaros:
¡Por horas tu contrato! ¡Por años tu hipoteca!
¡No podréis dar herencias que unjan a vuestros hijos!
Se levantan paredes a plomo del consumo.
Contiene el codicilo un relato de deudas
que horas extra mediante se puedan sufragar.
La mujer liberada trabaja todo el tiempo
y resultó estafada su gran revolución.
Vuelve a casa extenuado, tampoco habrá esta noche
un enhiesto menhir que se engarce a la tierra,
el cansancio prohíbe que se abra un abanico.
De consuelo les queda no haberse accidentado,
el patrón no permite muchas reclamaciones
por si del cajón sale la daga del despido.
En la hucha quedaban algunas horas libres.
Van al confesionario de aquellas oficinas,
perdona el militante el pecado de protesta,
no es éste un buen momento para movilizarse,
se encuentra el sindicato en fase de rebajas.
Se guisa en la cocina pancarta de cebollas
que desdibuja el caldo en tensa intimidad.

Hay campaña en la tele, son los mismos partidos,
sus líderes exhortan con promesas manidas,
las manzanas de oro por un mundo mejor.
El degradado entorno fustiga los jardines
y a rachas de aire claro me sigo preguntando:
¿Por qué no las cogemos en persona del árbol?

CLÁUSULAS DE PERMANENCIA

Las inclemencias duran demasiado,
el clima del rescate es un secuestro
que convierte al obrero en mero súcubo
de este status quo que depila carteras
y el cráneo del ahorro pela al cero,
para que caigan al sombrero mágico
de los que nunca pierden
copos verdes de nieve financiera.
Cojamos las tijeras a fin de
quebrar el sindicato del teléfono,
estableciendo cláusulas
de impermanencia
en los campos de la desesperanza.

NADIES

Se le dice al indígena indigente
en verbal cercanía que oculta más distancia,
como la de una pulga que quiere alquilar perro,
y acaba envenenada por el insecticida
del poder en contrato hipotecario
al cual ni accede porque tiene hambre.
La ayuda humanitaria hasta le sabe a burla,
la leche caducada le llevará más lejos,
y no será a la runa del vacío
sino a las que someten a la espera
a modo de narcótico de desinformación.
Con su venda famélica no saben
que les pusieron Nadie como nombre
quienes ya les abandonaron.

En el árbol herido por punzones de viento
mutan los cuerpos secos en raíces
que abultan el dolor de la tierra hostigada.

ÁFRICA NEGRA

El hambre despeinada
se desmelena en un sol de rayos catódicos.

Ungida de luz negra está la piel
y se viste de luto el tam-tam de la inocencia.

Pértigas cándidas
quieren acariciar el cutis de la luna,
pero en ellas se ceba la ofensiva
del hambre y de la sed.

Estériles plantas camuflan
el campo de batalla,
preñado de cadáveres en vida,
donde vencen las huestes del expolio.

El resultado es la caída libre.

El fiscal del silencio
clama en el tribunal de la conciencia
desenmascarando en el primer mundo,
aunque tan sólo sea con voz tenue,
los negligentes trajes del poder.

Siento la quemazón de las columnas
periodísticas
y su lucro de hiel,
que subliminalmente
me declaran culpable como cómplice.

Envilecido
y harto de tanto tinte de desgracias,
apago el monitor de la vergüenza.

MINAS DE TANTALITA

Hay una parte de los árboles cortados,
y de la sangre de los niños derramada
por el control de las minas de tantalita,
que para fabricantes de agravios sirve de arma
en forma de periódico o PC.
Su producción aumenta en tiempo de elecciones.
Así pertrechan su desguace de odio y muerte,
mientras la tierra tiene cicatrices
y Dios oye en los cielos el clamor de las almas.

FLORES DE NIEVE

I

Sexo fingido
en la cama aturdida.
Flores de nieve.

II

El azar nos cruzó, sólo un abrigo
cubría tu lencería cultual
cuando se intercambiaron los saludos
y mi voz navegaba femenina.

Pensé que un día fuiste la más grácil
peonza enteramente enharinada,
y el templo del ballet, encandilado,
también se elevaba con tus piruetas.

No ofrecen hoy los dólmenes apósitos
a tu espíritu que puede sangrar.
Estáis abandonadas de las élites
las coperas del vino del placer.

Aunque vendas tu cuerpo eres sagrada.
Resiste con conciencia de paloma
con tu pan eucarístico a los lobos
que en manada profanan las Vestales.

Te señalan hipócritas floretes.
Secretarias bellísimas al fango
pueden caer si el jefe no recibe
alguna conjunción copulativa.
¿Qué las distingue en esencia de ti?
Patricios o plebeyos ambos son
igual de proxenetas y opresores.

"Volaré por ti", dice una canción,
en alfombras de las Mil y Una Noches,
y espero que abra almendras el poema
que irradien dignidad hacia tu vida.

VIOLENCIA CON GÉNERO

Ellos hablan muy bien de cara al público
en contubernios y en ruedas de prensa.
Me dicen que denuncie.
¿Se han acercado acaso junto al mar
para asomarse a los acantilados del miedo?

¿Qué me sucederá cuando regrese
al hogar, dulce hogar
tras haber presentado la denuncia?
Si no hay ningún albergue que me ampare
y me dejan al raso de una lista de espera,
la espada, la navaja o el cuchillo
me llevarán al barco de Caronte,
tan pronto como él sepa mi osadía.

Puede que me prometan orden de alejamiento
que él luego fácilmente incumplirá.
Podrá abrirse la puerta de emergencia
si la paliza es dura y contundente.

Y aún así les oigo repetir
con enorme insistencia que denuncie.

Es por mi bien,
sé que en el fondo tienen la razón.

Incontables mensajes
dentro de cibernéticas botellas
recorren los mercados de trabajo,
pero el desierto de la crisis
es como un dios que nunca me responde.
Mi empresa se quedó sin sucursales,
trabándose las puertas del traslado.

Me pregunto si debo envenenarle
pesando con mis manos la justicia.

En casa soy feliz si él no está,
y cuando se dirigen mis ojos al piano,
teclas de sangre pulsan
la lenta música de mi condenación.
No hallo esperanza sino en el silencio.

AFGANISTÁN

Caminando hacia el cimiento más profundo
visten el Libro Sagrado
con la túnica del paroxismo.

Tanta persecución,
tanta lucha política,
tanta lucha armada…
para nosotras no es más que alquitrán
ardiendo en un pozo.

Toda una procesión de ejércitos y facciones:
Choque de barbaries.
¿Y cuántos más bandos viven
ocultos en el sótano de la historia?

No quedan blancas levitas
para que coman los cuervos.

Cada día llevamos nuestro celaje a cuestas,
desde el patíbulo del burka no podemos gritar.

La telaraña de la opresión nos duele,
mirad nuestra sangre posada en la media luna.

Nos sugieren los misiles
un resplandor, una paloma, una nube.

IRAK

I

Tumores de injusticia supuran podredumbre
y en lienzos virtuales pintan juegos de guerra.
Lloraré sobre Irak: ¿Qué queda sin rasguño
al grito de la pólvora? Los campos incendiados,
frutales moribundos, ciudades arrasadas.
Niños entre cadáveres vagando en los escombros.
Misiles de impotencia entristecen mi alma.

II

Adoraban a Marte en la iglesia del odio
mirando al mundo como un bazar de oro negro.
No importa que se enciendan las teas letales
y un rojo clamor manche una nación sufrida.
Hay millones de viñas que se reproducen
por las calles del mundo sudando blanco vino.
Ojalá sólo arda una yesca de paz.

MADRID 11

Enjaezaron caballos negros
con las gualdrapas de los horrores,
sus lomos con bombas ensillaban.
Denota el verdugo sus alforjas
y en los trenes Mot calma su sed
con sangre que le sirven coperos
del terror. Todo destruye el once.
Terrorismo y guerra se unifican,
las aves de la muerte no entienden
de matices. Setenta y dos horas
en las comisarías del luto,
mientras oigo gritos en el aire.
El ayuntamiento de los cirios
auspicia urnas de salvación.
Siento que mi ser se está tostando
en la parrilla de la impotencia
y en el horno de la incertidumbre.

ROBLE DE UTOPÍA

Kanposantu gehiegi baitago suburbioetan, lagunak, historiaren bidexigorrak hilobiz ornitzen ibiltzeko.
(Ya hay demasiados camposantos en los suburbios,amigos míos, para que nos dediquemos a sembrar cadáveres por los senderos de la historia.)
XABIER LETE

I

Necesitar enemigo
para afirmar la existencia:
salitre del victimismo,
vinagre de la venganza.
El alimento en el tiro
y el agua en tanta diatriba.
Siguen llorando los niños
y viven las algas rotas.
Piedra angular lo exclusivo:
la paz en un catafalco.

II

Rinden culto a los elfos en llamas
y presentan las uñas de la violencia.

Grita en la calle una maraña de fuego.

Otra noche de cristales rotos.

Anuncio del ciprés y la losa.

Catarsis por la etnia y la patria.

III

Células de furor y dinamita
bajo el ojo de sal
y el bonete de fuego.

Enjuga la trilita la razón
y se empañan de sangre los discursos.

En la revolución minoritaria
no se incluye a los otros
ni se enarbola un lienzo de culturas.

El fénix horada las velas blancas
y arraigan las cenizas en la tierra.

Así no se construye un nuevo hogar.

IV

Otra vez los disparos
y el asfalto de sangre:
llanto en la triste acera.
El alambre del odio
pincha las manos blancas.
Los jilgueros del díalogo
se esconden compungidos.
¿Por qué no se descose
ni el cuévano del miedo
ni el mural del terror?

V

Un roble de utopía se afianza entre mis sueños:
se murieron los monstruos que muerden miel mestiza.
Las ramas del enebro de sangre se secaron
y en su lugar repueblan con viñas culturales,
cuyos caldos contienen los idiomas del mundo.
Se convierte el cañón en tiesto para rosas.
Adiós al miedo y odio. Adios ira y violencia,
incluyendo a los otros, así me siento libre.

EL PECADO DE ACÁN

(Josué, 7 y 8)

Resplandeciente y rico es nuestro Dios
porque todo el botín es para él.
Si Dios no fuese tan brillante y rico
donaría una parte a sus soldados,
sucios y heridos de sangrienta arena.
Tengo razones para no volver:
el cautiverio que sufrió mi pueblo,
caminatas muy largas, sed, calor,
alergia a las nieves de cilantro…
Nos trajo la derrota el dios Sin Nombre
por prevaricación del anatema
-fue la versión que el clero nos contó-
Entre nosotros hubo un hombre osado
quien para sí reivindicó un poco
de oro, de plata y bronce del vencido.
Los disturbios del odio gestionado
desde el poder hicieron juego sucio:
su sangre fue vertida y encendida.

Gracias al sacrificio de este mártir,
el juez modificó el marco legal
sobre el reparto del botín de guerra,
arguyendo que es voluntad de Dios.
Estamos frente a la ciudad de Hai
seguros de hacer nuestra la victoria.

Mas si treinta batallas sobrevivo
y llega un día que sin guerras viva,
no serán numerosos mis deseos:
un ruido de caballos y de mar,
y esteras de solaz sobre la arena.

EN NOMBRE DE DIOS

La religión debería unir a todos los corazones y hacer que las guerras y las disputas se desvanecieran de la faz de la tierra. Si la religión se convierte en causa de aversión, de odio y de división, sería mejor no tener ninguna y apartarse de semejante religión sería un acto verdaderamente religioso.

ABDUL BAHÁ

Dan a Dios la postura de un trapero.
Dan al dinero un cirio y un cendal.
A destajo trabaja el matarife
en Damasco, Mosul, Beirut, París…

La excusa es sólo su verdad sesgada:
un colorante ajeno a la bebida,
un palimpsesto en el sagrado Libro,
una estampita con un falso santo,
un trapacero apunte del contable.

Sigue en el mismo sitio el precipicio
así en la tierra como en nuestra mente:
el más abyecto tráfico de armas,
las cabezas cortadas en las verjas,

los cuerpos masacrados en la morgue,
los drones moradores de los cielos.

¿Una guerra eliminará las guerras
dejando para siempre en nuestro acervo
el cetro de poder de la palabra,
el escudo prudente del respeto?

Para salir de este emboscado mundo
destiñamos los naipes de la historia,
miremos el caballo de madera,
el piano, los trebejos, el tablero,
el balón, las muñecas y la oca,
las rosas que el amor depositó
sobre los tocadores en ofrenda.

Conquistemos la luz, los muros caigan.

ALKONOST

> Eran los ecos de las tropas los que provocaban tus ojos hundidos
> CARMEN GONZÁLEZ SÁNCHEZ

Querida madre:
Tenemos a tu hijo prisionero,
a la disposición de tu regazo
estará si lo vienes a buscar.
No luzcas tus mejores galas
ni te pongas zapatos de tacón para el viaje.
Este invierno proclama llamaradas
y muda de color la nieve.
La estampa es la de un arco iris falso,
el Alkonost se bate en retirada.
Aviones y misiles comban y rompen los cielos,
como ruleta rusa o caja de Pandora.
La alegría de los días y la quietud de las noches
han sido resquebrajadas, para molestia del orbe.
El grito de los penes artilleros
es voz de aviso para violaciones masivas
de toda vida humana
que se encuentre en el punto de destino.

Quienes pueden salvarse, deambulan sin rumbo,
con la mirada hundida, entre solares,
casas rotas y escombros.
Mientras, los barrenderos de la paz
se encuentran confinados
en vientres de ballenas burocráticas.

COLAPSO DE LA URBE

Ungits amb una pau que no prescriu
MIQUEL-LLUÍS MUNTANÉ

Los cafres la emprendieron a pedradas
contra las luminarias
de la consulta y de la compasión.
La dinamita ensucia
la lámpara que alumbra en el camino.
En la maraña que parece eterna
la paz desconocida no puede derogarse
porque por proclamarla se margina y se mata.
Las despiadadas crónicas de sangre
y un dualismo simplista en los pasquines
nos someten a un cóndilo de dudas,
que nos parece un muro infranqueable.
Nos parece que lejos quede el campo,
su manto que tejieron labradores,
su peinado surcado por la azada.
El hormigón silencia los latidos
cuando se desmigaja y se hace escombros.
Subir la cuesta de las casas rotas
es como un trampantojo inoculado
ante el rostro del mundo oscurecido.

Al colapsar las urbes sólo queda
que se moje el cañón, que beban los sedientos,
y el despertar agreste de los frutos
ungidos de una paz que no prescribe.

FUTURA PROCLAMA

Futura proclama:
Tatami de luz
proscribe el alfanje,
la bala y el fuego.
Sin sangre ni heridas,
verted en las copas
un calcio de paz.

MÍTIN DE SILENCIO

Ya es noche cerrada.

La lluvia pulsa
las teclas de la luna.

He convocado un mitin de silencio
en la campaña electoral del cielo.

Índice

Prólogo Guillem Vallejo Forés........................ 7

MAPA DEL LABERINTO 13

EL AMANUENSE... 25

EL ÁRBOL

AIN SOPH 29

AIN SOPF AUR.. 31

ÁRBOL DE SOL... 33

TIFÓN 34

BINAH.. 35

JESED... 36

GEBURAH... 37

MIN.. 39

NETZACH.. 40

HOD... 41

YESOD.. 42

GAMALIEL... 43

MALKUTH.. 44

EL MUNDO

LAS SILLAS DEL MIEDO.................................. 49

EL FORO DE DEBATE...................................... 50

EL TEATRO.. 52

UNCIDOS A LA HIPOTECA.............................. 53

EL CAMPEONATO.. 55

MOBBING 56

CLONACIÓN.. 57

PANCARTA DE CEBOLLAS 58
CLÁUSULAS DE PERMANENCIA 60
NADIES 61
ÁFRICA NEGRA 62
MINAS DE TANTALITA 64
FLORES DE NIEVE 65
VIOLENCIA CON GÉNERO 67
AFGANISTÁN 69
IRAK 71
MADRID 11 72
ROBLE DE UTOPÍA 73
EL PECADO DE ACÁN 76
EN NOMBRE DE DIOS 78
ALKONOST 80
COLAPSO DE LA URBE 82
FUTURA PROCLAMA 84
MÍTIN DE SILENCIO 85

Reseña biográfica 89

ANTONIO GARCÍA LORENTE

Barcelona, 1969.
Licenciado en Ciencias Económicas y Empresariales por la Universidad Autónoma de Barcelona.

Escritor bilingüe en castellano y catalán. Esporádicamente ha escrito poemas en inglés, en gallego, en asturiano, en italiano y en francés.

Miembro de la Asociación Colegial de Escritores de Cataluña (ACEC).

Ha publicado los poemarios: *Péndulo de Luna* (Carena, 2001), *Ambre Proper-Ámbar Cercano* (La Busca, 2005), *Variacions Essencials-Variaciones Esenciales* (Seleer, 2014) y *Barras Paralelas* (Parnass Edicions, 2021).

Forma parte de las antologías: *Poemes per un món millor*, que cada año publica Poesia en Acció, *10 años de poesía-10 anys de poesia* de El Laberinto de Ariadna (Ed. Emboscall, 2008), *Xarnegos-Charnegos* (Sial, 2010), siendo autor del epílogo, *Sonrisas del Sáhara* (Parnass, 2010), *Vilapoética* (Parnass, 2011), *Tardes del Laberinto* (Parnass, 2011), *Autisme. Trenquem el silenci amb la poesia* (Viena, 2014), *Generación Subway III* (Playa de Ákaba, 2016) y *Escritores recónditos* (Parnass, 2016).

En prosa figura en la antología de microrrelatos *El crack del 2009* (Parnass, 2011), siendo autor del prólogo.

Sus poemas han sido publicados en diversas revistas literarias.

En el campo de la traducción, ha publicado: *La hiedra obstinada* de Miquel-Lluís Muntané (La Discreta, 2010), conjuntamente con José Antonio Arcediano, *La penúltima isla y Hojas en blanco* (Témenos, 2016) de Miquel-Lluís Muntané, conjuntamente con Maite Fernández. *Cinco Visiones* de Teresa Costa-Gramunt (Comte d'Aure, 2010). *Rescoldos de horas* de Xavier Serrahima (Cap Béar, 2011), De Josep Anton Soldevila *El Llibre dels Adeus-El Libro de los Adioses* (La Discreta, 2012), y la *Antología bilingüe catalán-castellano (1977-2015)*, (Playa de Ákaba, 2015), traducciones al castellano conjuntamente con María de Luis y José Antonio Arcediano. De Vicenç Llorca ha traducido poemas al castellano, que han aparecido en la antología bilingüe del autor *La frase inmutable* publicada por La Font del Cargol, 2019. De Jordi Pàmias ha traducido al castellano, conjuntamente con José Antonio Arcediano, los poemarios *Narcís i l'altre* y *La veu de l'àngel* publicado por Témenos Ediciones, 2019. También ha traducido al castellano a Carles Duarte y Assumpció Forcada.

En el campo de la crítica literaria ha publicado diversos artículos, ponencias y estudios.

Algunos de sus poemas han sido galardonados en el Premio Blas Infante de Cornellà de Llobregat, en el Capítulo Nobiliario de Hombres de Paraje del Principado de Cataluña y en los Juegos Florales del Rosellón en Perpiñán (Francia).

parnassediciones.com
instagram.com/parnassedicions
facebook.com/parnassedicionesbcn
youtube.com/ParnassEdiciones